ABC

MONOSYLLABIQUE.

(Propriété de l'Éditeur.)

Raon-l'Étape,

CHEZ J.-C. DOCTEUR, IMPRIMEUR-ÉDITEUR.

1840.

A B C

MONOSYLLABIQUE.

(Propriété de l'Éditeur.)

Raon-l'Étape,

CHEZ J.-C. DOCTEUR, IMPRIMEUR-ÉDITEUR.

1840.

Je déclare avoir accompli les conditions de la loi, et être en conséquence seul propriétaire du fond de cet ouvrage. Tout contrefacteur ou débitant d'exemplaires non revêtus de ma signature serait poursuivi devant les Tribunaux.

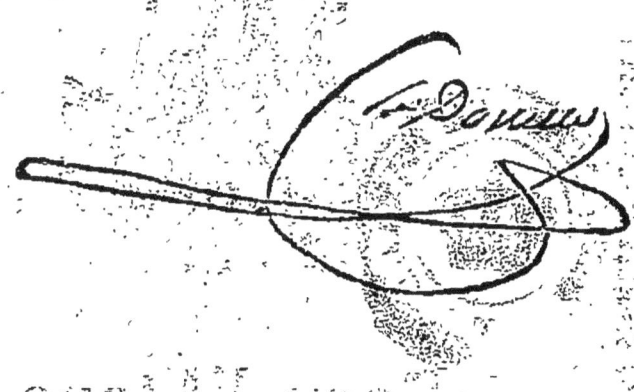

****

ABCDEFGHIJK
LMNOPQRSTUVX
YZ.

abcdefghijklm
nopqrstuvxyz.

---

*ABCDEFGHIJ
KLMNOPQRST
UVXYZ.*

*abcdefghijklm
nopqrstuvxyz.*

EÉÈÊ
eéèê

Ba	be	bi	bo	bu.
Ca	ce	ci	co	cu.
Da	de	di	do	du.
Fa	fe	fi	fo	fu.
Ga	ge	gi	go	gu.
Ha	he	hi	ho	hu.
Ja	je	ji	jo	ju.
Ka	ke	ki	ko	ku.
La	le	li	lo	lu.
Ma	me	mi	mo	mu.
Na	ne	ni	no	nu.
Pa	pe	pi	po	pu.
Qua	que	qui	quo	quu.
Ra	re	ri	ro	ru.
Sa	se	si	so	su.
Ta	te	ti	to	tu.
Va	ve	vi	vo	vu.
Xa	xe	xi	xo	xu.
Za	ze	zi	zo	zu.

Phrases Monosyllabiques.

Il y a au ciel un Dieu qui a fait tout, qui voit tout, qui sait tout. Il est en tous lieux. Il est bon; il est saint. Il n'a point de corps.

Dieu seul peut tout. Rien n'est fait sans lui: tout est fait par lui. C'est lui qui nous a tous faits. C'est donc Dieu qui m'a fait. Dieu a fait mon cœur et mon corps, mes bras et mes pieds, mes mains et mes doigts. En un mot, tout ce que j'ai et tout ce que je suis vient de lui. Ma vie est un de ses dons.

Je suis donc tout à Dieu : je ne suis donc pas à moi.

Dieu n'a pas fait le mal, car Dieu est saint : il hait le mal et ne veut que le bien.

C'est Dieu qui a fait le ciel, l'air, le feu, l'eau, les fleurs, les champs, les prés et les bois, en un mot tout ce que l'on voit et tout ce que l'on ne voit pas. Par lui le blé croît dans les champs ; le pain est un de ses dons, et le vin nous vient de lui.

C'est pour nous que Dieu a tout fait; mais il est la fin de tout.

Tout ce que Dieu a fait, et tout ce qu'il fait tous les jours, est très-bien fait.

Dieu voit tout et il sait tout. Il lit dans le fond des cœurs. Il sait ce que je fais, ce que je fis hier, et ce que j'ai fait tous les jours de ma vie. Il voit si je fais bien ou si je fais mal. Il voit tout ce qui est au ciel, et tout ce qui se fait sous le ciel.

Dieu est bon pour tous : il est donc bon pour moi. Il veut mon bien. Il veut que je sois tout à lui. Il veut que je sois bon.

Dieu est en tous lieux, mais on ne peut pas le voir, car il n'a ni bras, ni pieds, ni mains ; en un mot, il n'a pas de corps.

Dieu seul est grand. Dieu ne meurt point. Son nom est trois fois saint.

On ne peut rien sans Dieu : tout ce que l'on peut, c'est par Dieu qu'on le peut.

Il n'y a qu'un seul Dieu,

il n'y en a pas deux ni trois. C'est lui qui l'a dit. Or quand on ne croit pas ce que Dieu a dit, on est fou.

Je crois donc Dieu, je crois à Dieu, et je crois en Dieu. Je crois que tout ce que Dieu a dit est vrai, et que tout ce qu'il a fait est bien fait. Je hais le mal, que Dieu hait; je veux le bien, que Dieu veut, et mon cœur ne vit que pour lui.

LE Christ, qui est le fils de Dieu, a pris un

corps dans le temps, et il est mort sur la croix pour nous tous.

Si le fils de Dieu est mort pour tous, il est mort pour moi. Son sang est le prix de ma vie; sa croix est le plus grand de tous mes biens, car c'est par la croix que je vis, et par la croix que je vais au ciel.

Si le fils de Dieu est mort pour moi, que lui dois-je donc? Je lui dois tout. O Christ, fils de Dieu, je suis tout à vous!

Le fils de Dieu est mort pour qu'il soit le Dieu de

la vie et le Dieu de la mort.

Le fils de Dieu, qui est mort pour nous, vit au ciel.

La mort est la fin de la vie; mais rien ne meurt que le corps. Le corps seul prend fin. Tous les corps sont dus à la mort.

La mort vient tous les jours, et à grands pas. A la mort, on voit tout le mal que l'on a fait et tout le bien que l'on n'a pas fait. A la mort, on ne tient plus à rien. A la mort, il n'y a plus de ris ni de pleurs. La mort est la fin de bien des maux.

Pour ceux qui ont bien fait, à la mort le bien vient et le mal s'en va. Pour ceux qui ont mal fait, à la mort le mal vient et le bien s'en va.

Qu'est-ce qui suit la mort? Un très-grand bien, si on a bien fait; un très-grand mal, si on a mal fait. Le bien qui suit la mort, c'est Dieu dans le ciel, car il n'y a pas de vrai bien sans Dieu. Le mal qui suit la mort, c'est un feu sans fin; c'est un ver qui ne meurt pas, a dit le fils de Dieu.

Qui ne craint pas la mort est un fou ou un saint.

On ne craint pas la mort quand on a la foi et que l'on vit bien.

———

La foi est un don de Dieu, qui vaut mieux que tous les biens des gens qui n'ont pas de foi.

C'est par la foi que l'on croit en Dieu et à tout ce que Dieu a dit. Or rien de plus vrai ni de plus sûr que la voix de Dieu.

Le foin croît dans les prés, le lis croît dans les champs, et la foi croît dans les cœurs droits.

La foi est au fond du cœur. Un cœur qui a la foi, et qui fait ce que la foi lui dit, est un cœur bien cher à Dieu. Les gens sans foi ni loi ne lui sont rien.

Les fruits de la foi sont paix et joie.

La foi est la clef du ciel; car ce n'est que par la foi que l'on va à la loi de Dieu, et c'est par la loi de Dieu que l'on va au ciel.

Rien de plus doux que la loi de Dieu.

Qui a la foi, et qui fait tout ce que la loi de Dieu veut, est un saint.

Tous les Saints ont eu la foi. Il est dit : le saint vit de la foi. Si on n'a pas la foi, on ne plaît pas à Dieu. Un cœur n'est pas pur s'il n'a la foi, car ce n'est que par la foi que l'on vit bien. Les gens sans foi sont sans mœurs.

Les saints sont seuls grands. C'est pour ses saints, et en vue de ses saints, que Dieu fait tout ce qu'il fait. Saint Jean, saint Paul, saint Luc, saint Marc, saint Roch et saint Dié, sont de grands Saints. On fait bien quand on prie les Saints.

Il y a eu des saints dans tous les temps. Dieu fait des saints quand il veut et de qui il veut. Il y a eu de saints rois,

Dieu est le Roi des rois. Les rois ne sont que ce que Dieu les a faits. Un roi, tout roi qu'il est, ne plait pas à Dieu s'il n'a pas la foi et s'il n'est pas saint. Mais il n'en est pas moins roi.

Les bons rois font les bons temps.

1, 2, 3, 4, 5, 6, 7, 8, 9 ;
10, 11, 12, 13, 14, 15, 16, 17, 18, 19 ;
20, 21, 22, 23, 24, 25, 26, 27, 28, 29 ;
30, 31, 32, 33, 34, 35, 36, 37, 38, 39 ;
40, 41, 42, 43, 44, 45, 46, 47, 48, 49 ;
50, 51, 52, 53, 54, 55, 56, 57, 58, 59 ;
60, 61, 62, 63, 64, 65, 66, 67, 68, 69 ;
70, 71, 72, 73, 74, 75, 76, 77, 78, 79 ;
80, 81, 82, 83, 84, 85, 86, 87, 88, 89 ;
90, 91, 92, 93, 94, 95, 96, 97, 98, 99 ;
100.

IMPRIMERIE DE J.-C. DOCTEUR, A RAON-L'ÉTAPE.

CHRIST, AYEZ PITIÉ DE NOUS

CHRIST, AYEZ PITIÉ DE NOUS

www.ingramcontent.com/pod-product-compliance
Lightning Source LLC
Chambersburg PA
CBHW071439060426
42450CB00009BA/2254